반국가세력

반국가세력

변윤제 시집

Anti-nationalist Byeon Yun-je

차례

1부 반국가세력

콧구멍의 꿈	10
(반)국가세력	16
오늘의 불가사의	26
사악한 간장의 시	32
돌베개의 원리원칙	40
사러가 마트의 고찰	46
요크셔테리어의 불안과 미래	52
아끼는, 섬	56
늙은 유물론자와 병원의 오이 한 그루	60
이미 닿아 있다는 믿음으로	66
제빵사에게	72
사랑의 실타래	76
알파카의 태평성대	82

2부 다시 만난 세계

예쁘게 말 안 해도 돼	86
다시 만난 세계	92
5월	98
Trick or Treat	102
불가능한 자투리	106
에어비앤비	112
기익의 집	116
단상의 회고록	122
확신의 유령	128
종말의 미래	134
코코아 저승	138
이제 막 태어나는 악마에게	142
시인 노트	149
시인 에세이	153
발문 | 만들어지는 미래_송현지(문학평론가)	159
변윤제에 대하여	171

반국가세력

POET

1부
반국가세력

콧구멍의 꿈

내 안에 파고들 구석이 남았단 걸 알려주는 곳이야
하지만 너무 깊게 파고들면 안 된다는 걸 일러주는 곳이야
때때로 덩어리지며
묽게 흘러나오며
소문이 된다

여긴 너의 콧날을 닮은 해안선
어두운 기침 새어 나오는 저편의 해안 동굴
콧구멍 안에서
너는 수군거리지
그 중얼거림이 너를 지킬 무기라도 된다는 듯이
소문
소문들

너와 나를 둘러싼 무수히 많은 말들
너는 너 자신의 주절거림으로 말의 보호막을 만들고
남의 말 대신
너의 말에게 시달리고 있다

네가 만든 너의 무수한 소문 속에서
흘러나오며
때때로 덩어리지며
온통 콧구멍의 꿈
왼쪽 콧구멍에 걸어 들어가
오른쪽 콧구멍을 뚫고 나오는 사람들
대화와 협잡은 무엇이 다른가
타협과 비겁은 무엇이 다른가
바닷가 마을엔 온통 콧구멍 같은 이야기뿐

신이 비염을 세게 앓으면 탄생하고 마는 한 마을
콧구멍
구멍아
나는 나의 구멍에게 편지를 쓰고
너의 구멍에 다가가는 사람
나의 말도
너의 말도
모두의 말도 닿지 않는 곳에서
쿵, 하고 버리거라
모르는 일은 모르는 일로 흘러가게 놔두고
맹세할 일은
굳게 덩어리지게 하거라
대체 어떤 사람의 기도가 이루어지나
어떤 행복이

콧구멍을 벗어나 하늘 구멍까지 날아가버리나
알 수 없는 일
알 수 없는 곳
콧구멍 마을의 기나긴 한때

아주 머나먼 언젠가에서 지켜본다면
이건 다 콧구멍 같은 일
코딱지 같은 일
기껏해야 네가 좋다
기껏해야 내가 좋다
기껏해야 전부 다 콧구멍이야
콧구멍의 꿈

이제 남은 몫은 찬찬히 숨을 쉬는 일

거대한 바람

아랫배까지 들이찰 맑고, 신선한 바람

너의 구멍이

결국 너를 숨 쉬게 할 테니

(반)국가세력

반국가세력.
반국가.
반.

밤새, 나는 그 말을 세 번 중얼거리다 잠에서 깨었다 합니다. 그리고 눈 뜨자마자 외쳤다 합니다. 죄 없는 내 이불에 대고. 가련한 그 합성섬유 이불을 붙들고.

시민을 따뜻하게 데우지 못하는 너!
반국가세력!

그러니까 무엇입니까. 로켓이 던져준 그 이불. 오만 원 그 이불의 입장에서. 그 이불을 빠져나가는 솜뭉치는. 만지면 바스락거리는. 불면 안개가 되는. 던지면 힘

없이 떨어져 내리는.

 그러나 불을 붙인 순간.
 화르르 타올라 이 집, 이 동네 전체를 거머삼킬.
 거대한 가능성.

 솜털은 이불의 반역입니까.
 이불을 슬며시 빠져나가는 희디흰 덩어리가. 죄다 이불의 반란 분자입니까.

 창문을 열어요.
 불면의 밤.
 남의 집 담장엔 시들어 죽은 나무. 장대 나무 곁에 몰려드는 파리 떼. 날갯짓 소리. 똥파리 국가의 위대한 시민들.

저 죽은 나무에 파리의 날개가 달릴 수 있나요?
똥파리 나라의 시민권이.
그 날갯짓 소리가.
발급될 수 있겠습니까?

군용 차량이 출동하는 새벽.
군인이 총부리를 겨누는 여의도의 새벽.

이 밤은 총구에서 발사된 한 알의 어둠

현실은 언제나 상상을 능가하니까.
상상조차 공상을 초과하니까.

에잇, 이 부족한 시인이여.
몽상의 날개를 붙잡고 나는 채찍을 휘둘러요.

반.
반국가.
반국가세력.

반으로 시작되는 메시지를 아득히 쏘아 올립니다.

반향.
반중력.
반응속도.
그리고 반딧불이.

항문에 입김을 불어넣으면 불이 들어오는 벌레.
그대로 우주까지 날아가는 촌충에 관하여.
어쩌면 빅뱅.

어설픈 나의 신이 입김 불어넣은 반딧불이.

이 우주의 시작이 그렇습니까.

굳이 되어야 한다면 그걸 해볼래요.
반국가 아니라 반세계.
반세계 아니라 반우주.

나는, 나는, 반우주세력.

나무배 타고, 총으로 노 저어, 몽운을 뚫고, 안드로메다 아찔한 폭정 속으로.

시시하잖아요.
반국가세력.

우주 제국과 똥파리 간첩의 암암한 활약 곁으로.

똥파리 떼는 급기야 블랙홀이 되고.
우르르 쾅쾅.
땅으로부터 울려 퍼지는 컴컴한 암흑 에너지가 되고.

마침내 어디선가.

거대한 세계수 넘어가는 소리가 들리고.

나는 불쌍한 이불을 바깥에 텁니다. 사실 항복입니다.
이미 항복이에요. 태어나기 전부터 이미 패배했어요.
저는 선량합니다. 아주 선량하다고요.

흰 백기 대신 흰 이불을 내걸고.
온 세상 전체를 속이려 듭니다.

사실 이건 백기가 아니라 백지.

그래.
이것은 눈보라.

세상 모든 이불을 가져와 털어댄다면, 그것은 진짜로 폭설이 될 것이니까.
깔아 죽이는.
모두를 싸늘하게 짓눌러 죽이는.

하늘에서, 아니 우주에서.
내려오는.
컴컴하게 내리 닥치는.

거대하고, 미세하고, 동시에 어마어마한 흰 입자.

그렇습니까,
반국가세력.

이불을 타고 날아가는.

얼어 죽어요.
모두 전부 얼어서 죽어요.

시민을 따뜻하게 데우지 못하는 나!
반국가세력!
아, 좋아!

위이이, 위이이잉.

세상을 밝히되, 결코 데우지 않는 불빛이 되어.

오늘의 불가사의

오늘의 행운, 남의 집 정원 시들어가는 나목을 본 일

내 방과 마주 보는
옹색한 마당

말라 죽은 회양목 밑
흰 곰팡이 무더기로 자란 것을 본 일

보는 것과 바라보는 것은 무엇이 다른가

생각하는 사람의 뻣뻣하게 굳은 등처럼
빌라의 벽은 그렇게 서 있다

어둠 밀려드는 하늘에서 곰팡이 냄새 돌 때

백련산 아래 경사진 골목

밤의 어둠을 순순히 받아들이지 말라,
타이른 사람이 있고*

나는 나의 밤을 떠나지 않는다,
결심했던 사람도 있다**

빨랫줄에 걸린 해진 메리야스
살얼음 낀 속옷 사이를 드나드는 밤바람

* 딜런 토마스
**아니 에르노

다정함은 마음보단 몸이 맡는 일에 더욱 가까워서

고독한 방 안에서
마침내
청소기를 돌리고, 계란후라이를 부치는 냄새가 난다

오늘의 불가사의는
사위어가면서도 할 수 있을 일을 헤아린 일

부러진 나무의 냄새
낙엽의 부패
희디흰 버짐

제 몸 아래 어둠이 흘러드는 길목을 만드는
죽은 잎의 덮음

남의 집 정원에서
나의 집 마루를 향해

잘못 쏟은 물처럼 밤이 흘러들고

시든 나무의 그림자가
스며들 적에

오늘의 어둠은 남다르지 않아도 좋다

지키거나

받아들이지 않아도 좋다

그것은 나무껍질이 부서지며 하는 말

사악한 간장의 시

도저히 믿을 수가 없는 새끼라고
믿을 수가
없단 소리를 했다고

추석 전, 직장에서 쫓겨난 너
그런 말을 반복했지

망원 가츠동집에서
종교는 없어도, 믿음이란 건 있는 것 같다고
그렇다고

그때, 너는 일식당 작은 모퉁이에 구겨진 채 그런 말을 했다 작고 옹색한 너의 입술에선 간장 졸이는 냄새가 났다 그래 네가 뱉은 믿음이란 단어에 일본식 간장

냄새가 배는

  우리의 천국은 구수한 냄새가 가로지르면 좋겠다

  황금도 없이
  흰색도 없이
  된장이나 낫토 익는 내음새와 같이 당도한다면

  너는 엎는다
  자꾸만 대화의 주제를

  상사에 대한 험담에서 간장은 일식 모든 요리의 기본이라는 말에서 예수를 좋아하는 이유는 좌판을 엎고 매춘부를 두둔하고 채찍으로 사람을 후려쳤기 때문이란

말까지

어떤 목사님이 말했다지
삶의 정취를 간직한 천국도 존재할 수 있다고

오호라
그렇다면
그 천국엔 일용직도 있습니까
부당해고와
사기 취업도

잘못 흘린 간장으로 천사의 날개를 만들고
오붓하게
죽음에 관한 이야기를 나눈다면

가츠동을 먹고
사케동을 먹고
김치우동나베를 마저 시켜 먹고

2차를 갈까 벌써 3차인데 5차는 천국이나 지옥으로
갈까 넋두리를 뱉다가 4차는 너희 집으로

네 이빨에 낀 고춧가루를 모른 척하는 건
엉뚱한 교리
가루도 누군가에겐 달라붙어 있고 싶을 거라는 믿음

아프리카 어느 섬에선
이미 어떤 원숭이들이 석기 시대를 시작했대 의미 없이

돌탑을 쌓고 동료의 뼈를 수집하기 시작했대 그렇구나

  죽은 털북숭이의 뼈
  십자가 성호
  먹다 남은 음식이 발효되는 걸 지켜봄
  문학
  시
  쓸모없는 것들의 늘어남

삶에는 어찌할 수 없는 것들이 많구나
믿을 수가 없지만
믿음 외에도 많은

  그래

그렇다면 이걸 정말 삶이라 말할 수 있겠다
시라고

사악하디사악한 간장의 시라고

그날 헤어질 내
오토바이가 너를 치어 죽일 뻔했고

아하하
으허허
웃으며 너는 마구 소리 질렀다

오토바이가 있어서 배기음이 있는 게 아니라
배기음이 있어서

오토바이가 있는 것이라고

사악한 간장의 시

간장 냄새가 마침내 간장을 완성하는 것이다

천사는 동료가 있지만
악마에겐 친구가 있으니까

우리는 평생 불행할 거야
너가 아니라
내가 아니라

우리가

으허허

아하하학

돌베개의 원리원칙

꿈을 많이 꾼 사람의 베개는 점점 더 가벼워졌지. 흘러내리는 머리카락.
불길한 말 털의 가닥을 모조리.
이부자리가 꾸는 꿈을 그자의 악몽이 다 먹어치운 탓이야.

그래서 나는 돌베개를 마련해버렸다. 날아가는 돌덩이를 만들고 싶으니까. 흩어지는 돌. 안개가 되는 돌.
불붙이면 연기로 흩어지는 꿈을 만드는 중이니까.

돌과 꿈과 돌. 머리를 대고 누우면 그대로 뇌수까지 뽑아가는 꿈. 그래서 그이의 꿈에선 비린내가 나.
꿈을 말하는 입에서, 눈동자에서, 갯벌을 바싹 말린 냄새가 나. 밀면 와르르 소리를 내며 날아드는 꿈.

그런 꿈은 돈이 안 돼요.
네가 말한 꿈은 이루어질 수 없어요. 그렇게 말해도 소용이 없는 꿈. 소용이 없어서 비로소 의미가 있는 꿈.
그것이 돌베개의 원칙.

누가, 이 딱딱한 것을 베고 잡니까. 푹신한 것들이 있다고요. 더 부드럽고, 누르면 밀려들어 가는.
아니, 그런 걸 누가 모르나. 더 싸고, 쿠팡 로켓으로 바로 오고, 오리나 거위의 털을 잡아 뜯은.
그런 현명한 베개가 있다는 걸 누가 모르나.

하지만 나의 꿈에는 반드시 돌베개가 필요합니다. 맞히면 그대로 사망할 수 있는 꿈. 무기로 쓸 수 있는 꿈.

둔탁한 소리를 내며 당신을 때려눕히는 꿈.
너머의 꿈. 베개의 꿈. 베개로 베개를 짓이기는 꿈. 베개에 눌려 사망한 사람이 다시 살아나는 꿈.

마침내 꿈은 꿈을 넘어섭니다. 점점 더 가벼워진 그것이. 나의 몸과 핏줄과 뼈를 다 빨아 마신 그것이.
홀쭉해집니다.
살냄새가 도는 베개. 피나 분비물이 묻은 그것이.
나의 꿈입니다.

너의 베개 싸움은 장난. 맞히면 꺄르르 웃음이 나는.
나의 베개 싸움은 투쟁. 맞히면 둘 중 하나는 골로 가야 하는.
말로 합시다, 곱게 말로 합시다. 그렇게 서류를 들이

미는 자들에게.
 나는 돌베개를 내밀 겁니다.

 이게 나의 말. 묵묵부답과 돌아누움. 꿈과 돌과 꿈. 어리석거나 중언부언이 나의 말.
 아니, 그게 무슨 소리예요.
 그래, 그게 나의 말의 말의 막.
 벗어나려고 하는 것이 있습니까. 막을 뚫고 나가는 새로운 그 막이.

 이건 사람의 담석으로 만든 베개.
 말발굽이나 소뿔로 만든 베개. 그래, 그런 베개. 내 꿈을 만져보세요. 걸려 있습니까. 딱딱합니까.
 이건 돌베개의 원리.

우르르 소리 내며 흘러갑니다. 흘러가면서 멈추어 섭니다. 내려칠 수 있는 꿈이 말이죠.

사러가 마트의 고찰

때때로 나는 어떠한 생각에 빠졌다가 그대로 잊어버립니다 그 생각이 있었단 사실조차 잃어버립니다
 생각의 입장에서 생각할 적에 그것은 무슨 일일까요?
 자신을 낳아준 곳을 영영 떠나온 일

나는 신이 잠시 놓친 생각의 한 줄기이고

그것이 내가 중요하단 뜻은 아니다

그렇게 중얼거리면

시작되는 도로

사러가 마트를 향해 뻗어나가는 작고 좁은 아스팔트

의 길

일렬로 늘어선 가로수는 죄다 사람 같고

마녀신의 입김이 불어닥쳐
선 채로 시물이 된 인간의 발버둥 같고

그러한 생각조차 어느새 손아귀를 벗어나 사라지고

그러니까 그런 생각들
요구르트
우유
시리얼
저녁 찬거리를 헤아리는 분주함에서 문득

솟아나는 신이며
천사며
마녀며
머리빗과 고독이며 오레오와 헤아림이며

그러한 장바구니에서 한 개씩 떨어지는 시금치며, 빛이며, 대파며, 동전이며, 그늘이며, 머무름이며

생각의 생각 끝에서

새하얀 어둠
빨랫줄에 널어 말리고서 한 계절 잊어버린 그 어둠

빳빳해질 때까지 완전히 뻣뻣해졌다가

장마를 견뎠다가
태풍과 몰아치는 땡볕에 시달리다가

잃어버렸던
그곳에 어둠을 두었다는 사실조차 놓쳐버렸던

그 어둠이

지금 머리 위 밤하늘이 된 것을 목격한다
아,
내게 옥상이 있었고
그 옥상을 거닐던 시절이 있었고

옥상의 생각을 헤아리던 쪼그려앉기가 있었고

잃어버림의 입장에서 생각할 적에 이 모든 일들은 무슨 일일까

시금치를 잃고
어둠을 잃고
분주함을 잃었다가
신과
천사와
모든 작별을 잃었다가

끝끝내 잃어버림만큼은 잃지 않고 돌아오는 사람의

두 손아귀가
  다 무슨 일일까

  때때로 생각은 나에게 하염없이 빠져들었다가 그대로
빠져나간다 때때로 내가 있었단 사실조차 잃어버린다
나의 입장에서 생각할 석에
  생각의 품을 떠나서

  나는 장바구니를 흔든다

  장바구니가 나를 뒤흔드는 줄도 모르고

요크셔테리어의 불안과 미래

강아지는 미래에 대해 생각하지 않지
여름이 되면
혀를 내민 채 그대로 한여름의 일부가 되어버리지

서울혁신파크를 살려주세요,
현수막을 보며
나는 잠시 CPR 동작을 취한다

셋,
둘,
하나, 심호흡하면서

공원엔 나처럼 산책 나온 짐승들이 많고
그들은 혀만 내민 채

별다른 의견을 주지 않는다

유아차에 탑승한 늙은 강아지의 잔털 속으로
땡볕이 흘러내리면

개들은 미래에 대해 떠올리는 대신
누구보다 빨리 미래가 되고 있다는 믿음을 갖게 되고

팔월
구름의 무리가 흰 목줄이 되어
하늘을 이끌고 떠나는 계절

물론, 나도 나로만 남지는 않겠지만
너도 결국 너를 벗어나고 말겠지만

유아차 바퀴 소리
나무와 이파리 속 물이 도는 소리
멍한
멍멍한
오십 층 빌딩이 이 공원에 세워질 때쯤엔
요크셔테리어는 세상에 없을 것이다

세상은 저 조그만 강아지에게 무슨 계획을 벌이고 있는 것일까?

갈래를 땋아 묶은 회색 머리털
유아차 바퀴 굴러가는 소리

개는
컹
잠시 짖는 소리를 내고
그 소리가 어딘가를 집요하게 따라붙는다

죽은 매미 시체를 물고 달아나는
요크셔테리어

땡볕
땡볕
무서운 땡볕

아끼는, 섬

돈을 아껴 쓰지 않는다
물도 잘 아껴 쓰진 않는다

내가 널 얼마나 아끼는지 알지?'

서슴없이 말하는 사람 앞에서 그저 말을 아낄 뿐

해양 쓰레기가 몰려오는 머나먼 섬
퇴적층을 걸으면
아름수퍼마켓
희고 고운 옛날의 비닐봉지 발견되곤 하는

더욱 머나먼 둘레길에서 보면
그 비닐 뭉치들이

퇴적층에서 흩날리는 드레스가 된다
그 오래된 사람이 입어버린 희디흰 옷자락이 된다
지나간 계절
폭설이 미처 되가져가지 못한 눈보라의 한 편을 상영한다

화산섬
우리의 유산을 아끼자는 현수막 앞에선
손차양을 치며 고개를 갸웃거릴 뿐

섬을 아낀다는 말을
섬은 싫어할까
좋아할까
우리가 섬을 아낀다는 일에 대해 섬은 어떻게 받아들

일까

  섬의 유지를 떠받들기엔 나는 그저 조그만 사람
  저물녘이 되면 섬을 오가는 모든 배가 끊긴다 하고

돌아가는 뱃길
사람이 모두 빠져나간 섬이
배가 끌고 가는 물 자국을 지켜봐주고 있다
들여다보고 있다

저 돌섬이
우리를 아끼고 있어서 다행이다
마구 써버리지 않아서

유언이라니
저토록 구멍이 숭숭 뚫리고
돌멩이 굴러가는 소리 나는 유언이라니

늙은 유물론자와 병원의 오이 한 그루

멀지 않은 날
한국에서
모든 병원은 문을 닫고 말 것입니다

아픈 사람이 없어서가 아니라
아플 사람도 없어서

오늘의
응급실은 호황입니다
울산대병원의 스타벅스 창유리 너머

구급차가 끊임없이 들어옵니다
빗장뼈 안으로
커피 향에 젖은 사이렌 소리

구급차에서 스스로 걸어 나와
소방대원에게 성질을 내는 대머리 남자
괜찮다, 괜찮다니까

악쓰는 표정 옆에서
대원은 안도하지 않습니다
다행이란 표정이 도무지 아닙니다

사이렌은 벌겋고
때때로 울려 퍼지는 날카로운 쇳소리
구원이란
이루어지기 직전까지만 딱 소중한 작물

저는 병원을 좋아하는데요
잠실철교 앞
기나긴 지하에서 빠져나가면

서울아산병원
아픈 사람이 저렇게 많다니요
잠실 백화점만큼
한강 공원만큼

심정지에서 깨어난 증조부 옆에서
일가친척이
좋다며 박수를 치지 않아요

수영은 말했습니다

시를 쓰지 않아도 좋을 유토피아가
진정한 시라고

시를 씁니다
여전히 쓸 수 있습니다

강바람에 떠밀려
어느덧
소방대원의 기분까지 도착해버립니다

시는
내게 자꾸만 성질을 내는 늙은 대머리 남자

이곳은 마지막이 아니라

중간입니다
중간도 아니라 언저리입니다

모서리에서 노래를 부르는
오이의 안쪽이 오늘도 창백한 까닭에

이미 닿아 있다는 믿음으로

어떻게 잘 받아 갔습니까?

그 사람은 떠나온 사람이라고 했습니다
해안가 골목 끝에서

또는, 돌아서 나오는 어느 부두에서

빈 의자를 오래 서성이던 모습을
집 잃은 의자가 제 몸에 먼지를 내려 앉히는 모습을

그는 오래도록 바라보았고

오래도록 바라보는 그를
나 또한

오래도록 바라보았습니다

그러니까 어떻게 잘 받아들였습니까?

연안에서 찬찬히 파도가 떠나왔고
그 물그림자가 떠나왔고

죽은 물고기의 비린내가 마지막으로 떠났을 때

삼나무 잎맥 따라
빗금으로 드리우는 푸른 햇살

우주를 홀연히 건너온 빛의 난민들에 대해

어떻게 잘 받아들이기로 했습니까?

아무렇지 않은 공항에서 아무렇지 않은 공항으로
이쪽의 삶에서 저쪽의 삶에서

인간에게서 또는 인간으로서

이렇게 잘 받아들여지고 있었습니까?

박수갈채가
자신을 낳아준 손바닥을 떠나갈 적에

그리워하는 것은
손바닥의 일이었습니까

갈채의 일이었습니까

떠나간 물방울도
결국 해변의 어딘가로 도착할 겝니다

나는 바다 안개로 결국 편지를 쓸 겝니다

우리가 반드시 다시 만날 거라는 믿음으로

사실 모두가 이미 닿아 있다는 믿음으로

백사장을 따라 걸어가는 물그림자
모래에 잇닿는 발자국

소리와 소리
어깨동무와 건너

누군가 폭죽을 터뜨리고
폭죽 소리가 폭죽 껍데기에서 아득히 멀어지는데

밤하늘의 깊숙한 어떤 어둠
폭죽의 그 소리를
안아줍디다

제빵사에게

다정한 사람의 손이 만드는 곡물빵처럼
고소한 제과의 냄새처럼

납작하고 부드럽고 형태를 갖춘 누군가의 찰기처럼

사랑하는 사람과
사랑하는 사람이
나란히 마주 보고 있었다

사랑하는 밀가루 구름이 두 명 있었으나
그 커튼 두 자락
더욱 펄럭이거나, 넓어지지 않았다

사랑하는 두 사람은 다행이라 생각했으나.

한편으론 안타깝다는 생각이 들기도 하였고

다행과 안타까움 맞닿은 자리, 짐작건대 사랑이기에

반죽에 남은 손자국처럼
슬픔은 거기 가만히 있있다

희고 따뜻하고 말랑해지는 다정처럼
황갈색의 비구름처럼

손자국이 반죽에서 떠나가는 걸 두 구름은 바라보고 있었다

맑고,

곱고,
그리하여 탬버린 소리를 내는 마음

둘의 창가에선 잘 말린 밀가루 냄새가 천천히 돌았다

너희 둘을 모두 사랑하는 사람이 있다고 말해주고 싶었다
계속, 계속 태어난다고

그렇다면, 슬픔은 밀밭에 오래 내어둔 플라스틱 의자

황갈색의 비구름처럼
손차양을 드리우고 만 커튼의 분홍색 그늘처럼

지리하게 좋아하는 마음

축하해
오늘 너희의 뺨이 고소한 냄새를 지나치게 풍긴다

비로소
뜯어먹어도 좋겠다는 생각이 들 정도로

사랑의 실타래

　어떡합니까
　지구가 돌아가는 소리가 자꾸 들립니다

　두 귓바퀴로 거대한 회전 궁전이 돌아가는 소리가 마구 들립니다

　사랑의 실타래가 저 자신의 어두운 실올을 끝없이 뽑아내듯이

　지구는 자신의 거대한 덩어리를
　하릴없이 굴리고 있습니다

　철창에 갇힌 영장류가
　자기 머리털을 끊임없이 뽑아보듯이

이 별은 아무런 신념이 없겠지요
이 공은 대단한 믿음도 없는 거지요

그런데 이렇게 광대한 왕궁을 굴리고 있단 말입니까?
무지막지한 사랑의 문명을?

사랑을 사실 사랑을 증오하는데
지구는 자신을 싫어하지도 않잖습니까

좋아할 일이 없으니
싫어할 일도 없잖습니까

지구는 도대체 뭡니까

아무 용기도, 대책도 없으면서 이게 다 뭡니까

이 사태를 생각하면 무지막지 톱날 굴러가는 소리 쏟아져요
시속 오천 킬로로 달려드는 회전 궁궐의 소리

먼지보다 작고
밀가루 한 올보다 작은 사랑의 실오라기가 거기 짓눌려 죽어가는 소리

사실 그래서 다행입니까?
내가 아무것도 아니라서?

우주를 구할 운명도 없이

장대한 사랑의 몰락을 겪을 필요도 없이

그저 산책하러 나가요
플라스틱 쓰레기가 몰려드는 유성천

가을장마의 끝
내천으로 뛰어드는 물과 냄새

멀리서 바라보면 이 내천은 지구를 향해 뻗어나가는 실타래
감고 있을 겁니다
계속해서, 끊임없이 감고 있을 겝니다

비가 오면 불어나는

언젠가의 세카이
종말의 폭풍우가 몰아닥치면 모든 걸 반드시 집어삼키는

장대한 회전 벨트

그러나 지금은 그저 유성천
땡볕엔 말라 죽고
장마엔 불어나는

그런 자세로

알파카의 태평성대

그리하야, 알파카 왕국에선 모든 비극이 금지당했다.

그건 알파카 국왕의 지엄한 명령. 흰 털이 성벽을 따라 가만히 날리는 오후의 일이었다.

하지만 비극이 처형당한 후 그 나라에서 제일 먼저 사라진 건 기쁨이었다. 어둠이 사라지자 문득 달아나는 커피 향처럼. 슬픔이 없는 곳엔 환희도 없는 법이니까. 그건 알파카왕의 교묘한 정치. 비애를 중단하는 건 기쁨을 중지시키는 것보다 훨씬 명분 있는 일이니까.

배관에 흘러간 기름 한 방울이 언젠가 온 도시의 슬픔을 막아버리는 것처럼.

그 나라에선 천천히 모든 마음이 시들어갔다.

성 길을 가로지르는 건 오직 기나긴 침묵뿐.

멀리서 바라볼 때, 그 도시는 하나의 묵이 되어가는 중이었다. 앙금을 물에 맑게 가라앉혀 만든 말랑한 어둠. 그 어둠의 묵 한 사발이 되어버리는 중이었다. 허연 털 흩날리는 보름달이 그 컴컴한 묵을 한 스푼 떠먹을 적에. 슬퍼하던 모든 알파카와 기뻐하던 모든 알파카는 나란히 살해당했다.

기나긴 모가지가 무르고 흘러내리는 덩어리 되었다.

비로소 알파카왕은 만족하였다.

백성들은 이제 아무것도 바라지 않게 되었구나. 드디어 태평성대가 들어섰구나.

 태평성대란 차갑고 무심한 곳. 단호한 획이나 절명, 그리고 이후. 알파카의 몸부림과 박동을 아득히 벗어나 버린 곳. 그 나라는 매일 번영하고 번창했다. 딱딱하고 무심한 형태의 구름들. 마침내 도형의 표정을 완성한 알파카 국민들. 그들은 공장과 가정, 학교와 골목에서 묵묵히 침을 뱉었다. 퉤퉤 뱉고, 또 뱉고, 다시 뱉었다. 그것은 죽음이 아니라 삶이었다. 갖은 종류의 삶. 영원보다 더 영원한 기나긴 침방울이었다.

2부
다시 만난 세계

예쁘게 말 안 해도 돼

이 가수는 참 늙지도 않네

고교생 때 따라 부르던 건
Gee나 Tell Me의 한 구절

아름다운 사람을 볼 때, 이제 감탄만 뱉을 수 없다
찬란함을 위해 그들은 얼마나 노력했을까

예쁘게 말 안 해도 돼

 시계탑, 초침을 따라 무너지는 하늘, 노을, 하늘 저편으로부터 들이닥치는, 빗금, 균열, 붉거나 살구색의 온화함
 시계탑 옆의 복도, 회색빛 돌바닥, 그 위에 부서진 웨

하스 가루, 불, 흔들리는 불

  쫀드기와 사탕 따위의 달큰한 냄새
  백발이 자라는 교탁과 아이들이 홀연히 걸어가는 소리, 흩어지는 소리, 투명하게

  총알처럼 장전되는 기분, 기분들

  학교는 아름다움과 끔찍함을 동시에 기르고 있지

  그것은 좋은 일도, 아름다운 일도, 나쁜 일도 아닌 그저 그런 일

  첫 기수부터 마지막 기수까지 쌓여 있는 졸업앨범, 그

사진의 차곡차곡, 만질 때마다 빛깔이 달라지는 얼굴들, 변함없게, 변함없이 흔들리는 나무, 나목들, 뒷배경에 드리우는 느리고 찬찬한 햇살, 삶, 살아냄, 사람의

  밖에서 안으로 드리우는 불이 있다
  모든 걸 태우면서
  모든 걸 다시 기르게 하는 불, 불빛

  예쁘게 말 안 해도 돼

  사람의 마음은 어렵고
  그만큼 또 단순하니까

  회화나무, 바람이 불 때마다 그림이 되는 온 가지의

흔들림

때로, 어떤 사랑은 그냥 옳기 때문에 행하고야 말지

나는 학교를 때로 혼자 걷는다

초등학생 때는 학교를 그저 네모나게 그렸지
직선과 직선의 단순한 연결

하지만
네모반듯한 학교는 사실 세상에 없어

후문이든, 정문이든
별안간 모서리가 톡 튀어나와 있지

오랫동안 그걸 지우고 싶었네
삐뚤빼뚤한 그 머나먼 그 마음과 마을을 모두 다 지우고 싶었네

그렇지만
이제

예쁘게 말 안 해도 돼

악마가 거대한 모나미 지우개로 후문과 정문을 모두 지운다면

아무도 이곳에 들어올 수 없겠지
누구도 이곳에서 나갈 수도 없겠지

과자 가루 번지는 냄새
불 꺼진 교정

예쁘게 말 안 해도 돼

시계탑은 자신을 맴도는 것이 아닌
자신을 산책하는 방식

다시 만난 세계

1.

아이야, 나는 세계 전체를 눈에 담는 중이야. 두 눈꺼풀의 소리. 눈동자가 굴러가는 소리. 핏발 선 두 눈으로 동시에 세상 모든 걸 담으려 애쓰는 중이야.

지금, 이 순간에도 누군가 태어나는.
이 순간 지금도 누군가 죽어가는.

태어나는 자의 울음과 죽어가는 자의 안도를 동시에 간직해보는 중이야.

누군가 독재자로 등극하는.
누군가 해방의 깃발을 들어 보이는.

누군가 응원봉을 흔들며
누군가 영장을 발부받는 어두운 뱀비늘의 밤을.

세상 모든 걸 눈에 담기 위해선, 나 자신에 하염없이 몰입해야 한다는 사실을 깨달으며. 눈동자가 부푸는 소리. 눈썹이 꿈틀거리는 소리. 아이야, 내 밝은 밤아.

2.

사랑의 모든 일.
사람의 모든 일.

아름다운 일이 죄다 슬픈 일이듯, 슬픈 모든 일이 아름다운 일이면 안 되는 거니.

새가 날아가고.
새는 날아들고.
철새의 박동. 불타오르는. 심장과 바람의 리듬.

3.

버드 스트라이크.
새 떼와 부딪혀 낙하한 비행기.
꼬리칸에 살아나온 두 명의 사람.

우연의 일.
운명의 일.

12월엔 산 사람의 일보다, 죽은 자의 일을 오래 생각하겠지.

4.

자이로드롭 : 어쩌면 죽을 수도 있다는 사실에서 흥미로움을 발굴한 인간(들) **악** : 다만 재미있기에 주목받는 명제 **사랑해 널 이 느낌 이대로** : 불가능(성)에 대한 영원 지속 명제 **다시 만난 세계** : 이명박의 컨테이너 산성. 한남대교의 키세스. 백남기. 열사. 열사들. 어쩌면 눈을 뜨면 오늘 다시.

악보다 선을 흥미롭게 만들기 위해 나는 노력.

5.

아이야, 너무 기쁠 때 울음이 나는 것, 너무 슬플 때 웃음이 나는 것, 희비극이 맞닿은 어떤 복도에서 나는 너에게 걸어가고 있어.

생각하는 자의 빈 해골처럼
오늘 방은 비어 있고.

네가 들어와 잠들기를 바라.

두 눈을 감으면 그 안엔 아무것도 없어.
눈 안에 무언가가 있어서 내가 앞을 보는 것은 아니지. 눈을 떠야 시작되는 세상, 그래, 다시 여기부터야

5월

아이야,
꽃은 오히려 그림자 때문에 핀단다

나는 옆에 있는 사람들의 옆에 있으려는 사람 누군가의 옆이 되어주느라 자꾸 자신의 곁은 비우는 사람 그런 사람들의 옆으로 가닿고자 하는 사람

아이야, 슬픔의 오래된 꽃망울 흙길을 밟고 오는 그런 아이야
땅에 달라붙는 힘으로 가장 처음 피는 산목련을 보자 봄을 밀어붙이는 허연 빛 눌어붙은 백색 잎 순과 계절의 여백까지를

꽃은 제 발치에 스스로를 묻는 형식

아름다움이 어떻게 양분이 되는가를 물어보는 식물의 발버둥

그건 저묾을 안타까워하지 않아야 하는 이유가 아니야 도리어 그걸 마음껏 아쉬워해야 하는 이유
꽃대가 문득 자기 꽃잎을 놓칠 때 알게 되는 거야

산목련 그림자가 살 수 없는 곳에 피어나는 꽃은 없다는 것
마음의 어둠을 다 살아본 사람이 가질 수 있는 꽃빛

5월
해마다 모여드는 사람들의 발걸음 소리에 대해

그래, 아이야, 5월을 바라보기 위해선 5월의 일부가 되어야 하지, 아니, 우리가 이미 5월의 살과 피와 꽃잎과 계절에 속한 사람이란 걸 되뇌어야 하지

비에 젖은 산목련이 제 몸에 말라가는 방울을 찬찬히 헤아리듯이

아이야, 5월, 여긴 캄캄하다와 환하다가 동시에 말이 되는 꽃나무숲, 그렇게 믿자, 그렇게 걷자, 그렇게 가자, 햇살이 숲의 광대한 옆이 되어줄 때, 그 옆에 다시 서는 사람이 되어

달래주는 사람의 곁을 달래주는 사람이 되어

Trick or Treat

나쁜 말은 몸에 달라붙어 쉽사리 떨어지지 않지

민들레 홀씨 흩날리는 잠 속에서
과자 트럭이
추락하는데

세상은 슬픔에도 꼭 정답을 요구하고 말지만

시청 앞 분향소
각기 다른 얼굴을 가진 어제가 있고

가로등은 사람을 들여다보는 자세

조명의 구상을

비로소 이해하고야 만다

사탕이 아니라면 잡아먹을 테다
잡아먹을 테야 너희 모두를

봄날 저녁
잔디 광장에 드러누워
화사한 것들의 내일을 떠올렸다
흥망성쇠
흥청망청
광장의 미래와 어제를 떠올렸다

사탕은 자꾸만 이빨에 달라붙는 성질
사랑은 자꾸만 이해에 달라붙는 성질

종국엔
부서지거나 가루가 될 나날
하지만

와르르 쏟아진 사탕 상자처럼 굴러갈게
비밀이 많아 위로가 된
상자 속 어둠처럼

절망으로 희망의 편을 쉽게 들어준 적 없듯
희망으로 절망의 손을 섣불리 들어주지 않기를

나는 잠에 드는 법을 다시 배우는 사람
나날이 새롭다

어제 갔던 길을 오늘 또다시 걸어도

불가능한 자투리

양말을 만들다 버려지는 수많은 실

봉제공장
남겨진 몸이 무수히 쌓여 있다

실오라기의 흔들림이여
냄새여
묵히고, 쌓이고, 켜켜이 덮이는 소리여

남겨진 실은 하염없이
흘러가고

나의 자투리는 지금 모두 어디로 갔을까

회양목

마당에 쏟은 흙더미, 토사물

에스프레소

생각의 자투리까지

내가 싫어했던 사랑

좋아했던 애증

상관없이 모두 다

지금의 나는 거르고 거르고 남은 자리

기성품의 삶

태양이

자투리 빛을 모두 내다버리는 광대한 오후

땡볕을 가로지르며 산책 나가네

성장이란
남기는 일인지, 버리는 일인지

사는 일인지
죽는 일인지

담벼락 옆 장대나무
실오라기로 풀리는 햇살을 마구 받아먹고 있는데

온 가지를 흔들며

제 냄새와 빛깔을 죄다 흘러가게 두는데

여름 나무는
성장하는 대신 성장을 위한 힘을 저장한다고

생각이 너무 많은 오후엔
생각을 생각 옆에 그냥 모아두기로

경복궁 옆 서촌
양말 가게에서 자투리로 만든 양말을 본 건 그저 우연의 일*

* 삭스타즈 : 자투리 양말 프로젝트

내려찍는 햇살
빛의 정가운데

나의 자투리는 모두 하늘로 갔다

신은 내 자투리로 내 다음 삶을 깁고 있다

그건 양말의 조그만 믿음

에어비앤비

미세먼지 속에서 벚꽃은 양분을 빨아들인다지요.
아름다운 것은 질긴 것.
서울에 여행 왔지만 할 건 없어요. 건널목엔 뿔 달린 천사들. 스물에 죽은 텐타시온 노래를 흥얼거리네요. 제 낯빛은 창 안 먼지 속에서 번쩍거리고.

철수는 오늘도 영희와 놀고 있나요. 슬기롭지 않은 생활을 하고 싶어서.
교과서 속 눈동자를 파내는 놀이를 자주 했죠. 햇살 얹힌 그 눈이 저를 쳐다보는 순간에는. 더욱 깊이.
이 도시엔 기도를 해주겠다 손 내미는 사람이 왜 그렇게 많은가요.
구원하고자 하는 사람은 구원받고자 하는 사람. 눈이 시궁창만큼 퀭하고, 그 위에 어린 빛은 예리합니다. 그래요. 여전히 더불어 혼자 있네요.

이 편지는 한 줄을 쓰면 한 줄이 더 불붙는 편지. 한낮 커튼 친 방. 혼자 무릎을 웅크려 만든 빛에서.

서울의 햇빛은 검어요. 이곳의 햇빛을 씹고 싶다, 메모 남기니 집주인 부부는 진간장을 놔두고 갔습니다. 빛을 졸인 것 같은 빛. 점성 강한 기억이 고이면 소스가 됩니까.

지나치게 살아 있다면 죽었다고 믿을 수밖에. 그래요, 바로 그런 맛.

여비는 넘치고요. 남산 타워는 날이 궂으면 붉은빛을 흘리고. 아파트에선 매일 굿모닝, 인사하는 남자가 밤마다 개처럼 짖습니다.

당신은 여전히 펜촉에서 어둠이 흘러나와 흐느끼나

요. 그렇게 변함없이 찬란한가요.

　토마토 주스를 부러 침대에 흘리고, 맛있는 태양을 그려봅니다. 눈 밑에 시퍼런 줄기가 달리고. 그래도 할 게 없다, 다시 적는 것 외에 별일 없습니다.

　당신을 떠올리면 가지가 부러지는 소리. 햇볕이 창살처럼 드리워지는 소리. 두 눈이 까닭 없이 붉어지고.
　시큼한 햇볕에 얼굴 파묻어요. 내일 할 일은 말이죠.

기억의 집

열차에게도 집은 있다

수서차량기지

새벽이 되면 돌아오는 기차의 행렬
직선으로 잠이 드는 수천 개의 눈동자

그 옆의 철조망을 따라 걷는다
쇳내
여름과 봄의 경계에서 밀려오는 비린내

계절이 몸을 얻는 시간

마음에게도 집이 있니

레일이 있고
때가 되면 그 묵묵한 선로를 따라 잡념 밀려 들어오는

생각의 열차는 더더군다나 달려간다

안 좋은 기억에도 저마다 집이 있는 거라면
그렇기에
시시때때로 흘러나오고
제멋대로 돌아가는 것이라면

난 그 집의 외로움이 궁금한 사람

날 세운 기억이
온갖 흙더미 마음을 헤집으며 달려들 때

그 집은 어떻게 기둥을 다 잡고 버티는가

집이 그 안의 사람을 휙 버린다면

대문을 열어젖히고
창문이 모조리 열리고

당신, 나가라

이렇게 모두를 갖다 버린다면

나는
바깥에 나가 천천히 해머를 드는 사람

날 버린 담벼락에 대고
거대한 망치질을 휘두르는 사람

마침내 집은 무너지고
온갖 살림살이가 세상을 향해 쏟아질 적에

밤하늘
온 사람 머리 위 그 커다란 구멍이

보여줄 것이다

여기가 집이오
저기도 집이오

그곳이 집이며
바로 온 하늘 온 지천이 우리의 모든 집이라는 걸

그러면 나는 대답하겠지

나만이 나의 유일한 집이라고
심장을 두드리며, 배짱을 부리며

차량기지

바람이 낡은 몸을 이끌고 달려가는 벌판

돌풍은 철조망을 따라 자신의 사지를 찢고
구멍 숭숭 난

쇠의 소리 귓전을 긁고

나는 재차 말한다

내가 나의 기지이며
내가 나의 수납고

집에게도 집은 필요하다

그제야 나는
나의 집을 비로소 받아주는 사람

단상의 회고록

하필 제가 단상이 된 까닭이요?
모르겠습니다.
입김을 불면 색이 돌변하던 먼지. 빛과 바람이 켜켜이 쌓여드는 동굴 속에서 헤매다가. 허리춤에선 사이렌 소리가 들려오고, 문득.

초등학생 전교 회장 선거의 단상으로 변해 있었지요. 모두 앞에 선 육 학년 아이. 비질비질 흘러드는 땀과 지나친 움켜쥠에서부터. 가늘게 흔들리는 제 몸.
볕에 탄 손에서 온기가 풀려나오는 게 느껴지고. 젖어들었고. 선거에 무관심한 초등생들의 앞에 나선다는 것에 대해.
그 느낌에 대해. 모두 내 쪽을 향해 있지만 아무도 나를 마주 보지 않는 자리에서. 그 몹쓸 어린이들을 생각해보았지만요.

어쩐지 몸 깊숙한 곳에서 배롱나무 잎 냄새. 그럴 땐 단상도 함께 슬프다는 사실을 압니까. 저는 가늘게 떨기 시작했고. 단상이 움직이자 화들짝 놀란 회장 후보 어린이는 안타깝게도.

지진이 났다고 생각했던 걸까요. 일순간 굳어버렸고. 그 굳음에 저 자신이 화들짝 놀라버려서. 울기 시작했는데. 그때야 모두의 흥미로운 눈길이 비로소.

들여다본다는 것은 무엇입니까? 도대체?

다음날 눈 떠보니 저는 전국 의자박람회장의 단상으로 변해버렸지만요. 시장님이라던가 하는 사람이 저를 내리치면서.

아주아주 훌륭한 행사라는 얘기를 하고 있지만요. 그

자는 제 몸 뒤에 숨어 바지 지퍼를 슬쩍 내리면서. 덜렁거리면서. 만면의 미소를 띠면서.

저는 확 쓰러지고 싶었지만요. 존경하는 내빈 여러분과 시민 앞에서.

그의 실체를 보여주고 싶었지만요.

하지만 제가 할 수 있는 건 굳건히 서 있는 일밖에. 그것이 단상이 가장 잘하는 일. 박람회의 의자들아 도와줘! 외칠 수도 없는 일이고.

그러나 의자들조차. 모든 작자의 엉덩이 밑에 뭉개져 있던.

다만 함께 모여 있다는 점에선 제 부러움의 대상이던 의자들은. 그렇죠. 의자는 언제나 다 같이 있죠.

단상은 어딜 가도 대체로 딱 하나. 혼자 있는 거죠. 그런 중얼거림 속에서 저는 말이죠 다음날.

 한 단상의 그림자가 되어 누워 있었습니다. 아무도 없는 대강당. 일평생 이렇게 큰 강당은 본 적도 없었고.
 누군가 켜놓은 스포트라이트. 그 뒤에 단상보다 더 큰 단상의 그림자가 되어서. 빛과 빛 사이의 무수한 알갱이들을 느꼈습니다. 올 굵은 빛의 자락이. 이번엔 누가 날 붙들고 일장 연설을 할까. 아니, 이제 나는 단상이 아니라 단상의 그림자. 정말 다행이라고 생각했지만.
 이내 마음을 고쳐 잡았습니다. 단상이 외롭다면 유일한 친구가 되어주리라. 영원한 사람이. 무의식과 감정까지 죄다. 하나뿐인 나의 사이렌과.
 빛과 바람까지 모두 내어주리라. 그렇게 잎 냄새를 중얼거릴 때.

순간 저는 볼 수 있었습니다. 한 명의 어둠을 헤아리며 대강당의 모든 빛을 막아서는 한 톨의 단상을. 치켜다 보며. 더욱 힘차게 중얼, 중얼거렸습니다.

한데요. 그다음 날에는요. 아주 눈부신 빛 속에서 말이죠.

확신의 유령

 오늘은 나에 대한 확신이 없어요, 당신은 그렇게 말합니다.
 확신이라니요. 당신은 안개잖아요. 실크 커튼이 아니라, 은행나무가 아니라. 흩어지는 입김이잖아요. 연기잖아요.
 그런데 당신은 자꾸만 머리를 부여잡는 것입니다. 확신이 없습니다. 믿어줄 수가 없어요.
 마치 믿음이 머나먼 촌락의 이름인 것처럼.

 대답 대신 저는 질문을 드렸지요.
 확신이 없다면 그 자리엔 무엇이 들어서 있나요. 당신은 답 대신에 다리를 흔듭디다. 무수히 많은 살비듬이 바닥에 떨어집디다.
 없어질수록 풍성해지는 희미함이. 자욱해지는 여름

장막. 칠월의 습기. 물벼룩이. 번성하는 검은 불길이.
 안개로 수놓는 불결한 머리카락이.

 빗자루가 쓰레받기를 열망하는 것이 가당키나 하겠습니까.
 타르트가 깍두기를 열망한다면.
 커피콩이 완두콩을 부러워한다면. 되겠습니까. 그래서. 아니.
 하지만 당신은 머리를 재차 휘젓습니다. 아니요. 아니라니까요. 아닙니다. 머리를 프로펠러로 만들면서.
 흰 장막을 헬기의 공중으로 보내면서.
 확신에 관한 질문이란 건 그런 종류가 아니라면서.
 어떻게 해야 할지 모르겠다면서.
 나는 그대에게 천천히 다가가려 했습니다. 찻물을 걸

어가는 악어처럼. 물 주름을 펼치는 티스푼처럼.

 방바닥이 강물이 되어 흘러가는 걸 보았습니다. 이파리의 다른 음계를 더듬었습니다. 어떻게 해야 할지 모르겠는 순간에도.
 어떻게든 되어가는 일들이 있을 것이라며.
 믿음은 컴컴한 가시 복어의 다른 이름. 우리들의 심해 어딘가에서 발버둥 치고 있을 것이라고.
 하지만 당신은 자꾸 아니라 합니다. 아니, 아니라고.
 '아니'로 구성된 나무를 기르는 사람처럼. 아니의 정글 숲을 헤쳐가는 사람처럼.
 당신이 자꾸 아니라고 해서.
 내 가슴팍에 달린 명찰의 이름이 '아니다'로 천천히 바뀌는 중이었으며.

당신과 나의 이마에도 '아니'라는 그 두 글자가 초조히 수놓아지는데.

　그래서 나는 그냥 맞다고 했습니다.
　무엇이 맞는지 모르면서.
　무엇이 맞아야 하는지도 모르면서.
　아니와 맞다의 끊임없는 앙상블 속에서.
　우리 둘의 입술이 흩어졌습니다. 먼 곳에서 보면 누가 아니고, 누가 맞는지 모르겠는. 두 명의 동일한 모가지에서.

　맞다고.
　아니라고.
　아니라니까. 맞다니까.

그것이 유일한 확신의 목울대가 되어서.

종말의 미래

전등은 미색
창백한 다리는 두 개

희고 가는 가윗날이 엇갈리고 있다
매달린 채 작고 가는 볕 가루를 잘라내고 있다

아침과 불운은 의외로 잘 어울리는 낱말

네가 사라졌다는 것이 믿기지 않지
사라졌단 소식마저 사라질 거라는 게
사라졌다는 소식을 기억하던 나도 언젠가 사라질 것이고
나와 너의 사라짐을 오래도록 들여다보던
낮달 하나

희미하고 옅은 공백으로 지워질 것이란 당연한 사실
조차

죽음이야말로 명백한 물질
지독한 쇳내가 나는

무엇을 미워했는지 잊어버리는 일은
사실 무엇을 사랑했는지 잃어버리는 일이야

너의 방에선 머릿속 두통처럼 매일 번개가 들이쳤고
가리비 조개의 속살처럼 무르고 희미한 사람의 몸동
작이 있었고
목소리와
드문드문한 말투가 있었고

사람이 떠나면 그 사람이 그 방에 묻히고 간 살냄새는 무엇을 하나
 방바닥에 남기고 간 굽은 동작은
 눌어붙은 인간의 무늬는 모두 어디로 흘러가고 있나

 나쁜 사람을 더 이상 우리 용서하지 말자
 그를 헤아리는 일이
 내 안의 가장 악한 사람을 믿어보는 일이 되지는 않으니까

 창백한 다리 벌써 어느새 수백 개
 수천 개
 수만 개

철컥거리는 소리가 강물을 만들며 건너오는 동틀 녘

종말의 미래

푸릇한 무순의 뿌리
어둠 속으로 뻗어나가는 찬찬한 그것에 대해

코코아 저승

코코아 가루가 이마에 떨어져서
그만 살아나버렸다

내 혼에 어울리는 씨방을 나는 아직 모르는데

붓다나 예수의 기분을 헤아릴 수 있을 것 같은 아침
그래도 나는 신보단 우리를 더욱 좋아하기로

다시 사라질 수 있다면
카카오 열매 하나에 어린 작고 조밀한 햇살 되어야지

재차 태어나야 한다면
카카오 씨앗 하나에 맺힌 차가운 연갈색이 되어야지

어디에 가더라도 사람이 정말 많다
사람만 지나치게 많다

세상이 천국이 아니라는 건 믿을 수 없지
그런데 동시에 지옥이 아니라는 사실까지도

나는 자꾸 코코아 가루 한 톨의 안부를 묻는 자

사람의 냄새 말고, 사람의 박동 말고, 사람의 동작과 리듬 말고
사람의 고요와 창백 다 말고

코코아는 카카오 씨앗을 빻아서 만든 가루
나는 자꾸 태어나고 만다

계속 사람으로, 계속 인간의 형상으로 눈뜨고 만다

초콜릿 케익에 소금을 넣으면 더욱 달아지고
고통은 행복이란 낱말과 잘 어울리는데

그늘의 빛깔과 초콜릿의 빛깔이 닮은 게 우연이 아니라니
내가 눈뜬 이곳은 코코아 저승

이제 막 태어나는 악마에게

세상엔 나쁜 악마보다 좋은 악마가 더 많단다,
안타깝게도
흑판 앞에서
나는 그렇게, 그렇게 중얼거리곤 있지만

사실 세상을 떠돌며 지독한 악마를 더 많이 만났지
쌀알을 씻으며
제 자식들의 밥과 옷을 챙기며
그림자도 없이
고약해지는 악마들을

그러나 믿음은
이루어진 것이 아니라 이루어질 것들의 총계

칠흑의 판 앞에서
나는 그 흑빛 안으로 아득히 빨려 들어갈 때 있지만

문을 열기 위해선
문을 열고자 하는 마음이 먼저 필요하다
열리는 문보다
먼저 들려오는 문소리가
그러면
칠판은 문이 된다
여닫을 수 있는 종류의 그것이

무엇이 옳은가
사실을 알려주는 것과,
사실이 되어야 할 것을 알려주는 일 중에

아직 어린 악마들이 남긴 발자국
그것을 자석으로 짚으면
분필 가루 위에서
끌어당겨지는 자욱들
자욱의 분분한 소리들

왼쪽 발자국과 오른쪽 발자국 사이
머뭇거리던 수많은 걸음

조용히 나의 심장을 두드리면
실선을 따라 부드럽게 열리는 곳이 있고

안에는 무수히 많은 붉은 벼 이삭이 흔들리고 있다

그리고 어느새

구석에 몰래 쌓인 눈발처럼
때때로
너희 엎느려 있다

실망도 희망도 아닌 어떤 교실에서
자세를 낮춰
제 심장의 소리를 쏟아내는 어린 악마들

빗자루로 쓸면
문득 창밖에서 붉디붉은 눈보라가 휘날린다

그건

우리 망설임의 힘
재가 된 벼 이삭의 맛

비와 눈 사이에 묘지와 봉분 사이에 쓰레기를 버리는 사람과 줍는 사람 사이에 자라는 나무와 죽은 나무 사이에 나와 너 사이에, 너머에 타인과 습기 사이에 나는 가르치고 싶었지

걸어간다

적어도 너의 절망은 너의 것이며
너의 분노는 너의 것이며
비탄과 통탄과 고통조차도

때때로
구름은 아주 희고 거대한 자석이 되어
빛을 끌어당긴다

그깃은 천사가 아닌 악마의 일
절망이 도맡아 하는 업무

잊지마
우주엔 빛보다 어둠이 더욱더 많단다

선한 것을 잘 알기에
누구보다 지독한 냄새 풍기며 익어갈 벼 이삭들

죽은 나무의 꽃말이 되어주는 일

다 탄 양초의 심지를 혀에 올리고
대신 타오르는 일

시인 노트

1.

주디스 버틀러의 가장 큰 명제 중 하나는 반명제가 있기에 명제가 가능하다는 발견을 해낸 것이다. 희망은 절망이 있기에 존재한다. 빛은 어둠이 있기에 존재한다. 사랑을 떠올리기 위해 나는 자주 절망을 생각했으나.
 그건 당연한 일이었다.
 그리고 그런 생각이 내게 위로가 될 때도 있었다.

3.

폭설이 몰아닥치는 새벽, 창문에 작고 가는 빛이 어리었다. 어둠의 실금을 두드리면서. 마침내 깨뜨리며. 암흑천지 불어오는 어딘가를 넘나들면서. 대체 어디서 스며들어 오는 불빛인 걸까. 세상의 바깥은 아무것도 보이지 않는데 어디서 이 빛이 흘러들어오는 걸까.

그 빛은 아주 어두운 날에도 누군가는 세상 어딘가에 작은 불을 밝힌다는 뜻처럼 여겨졌다. 아니, 컴컴한 어떤 날에도 뜻 모를 빛 하나는 남아 있기 마련이란 뜻처럼 여겨지기도 했다. 하지만 자세히 보니 그건 바깥에서 들어온 불이 아니었다.

그저 내가 침대에서 일어난 탓에 눈 밝힌 현관 앞 불빛이었다.
그러니까 그 불은 바깥이 아니라 안쪽에서부터 밀려 들어온 착각의 불이었다.

내가 내 움직임으로 불러일으킨 희망.

비로소 나는 밖이 아니라 안을 보기 시작했다. 안쪽에서부터 말려들어 오는 희망. 옴싹거리는. 불타는. 내가 움직여야만 가능한 어떤 불의 혀끝을.

2.

명랑 : 도무지 발랄해질 수 없는 어떤 시국에 대한 저항. 귀여움 : 끝끝내 귀여운 것은 투쟁의 일종. 다정 : 내가 가진 가장 강력한 무기.

시 : 이건 모두 당신이 써준 것이다.

시인 에세이

1.

 산책하는 개는 자꾸 자신의 주인을 뒤돌아본다. 주인의 얼굴이 자신의 얼굴이라도 된다는 듯이. 그 얼굴을 확인해야만 자기의 세상이 존재한다는 듯이.

 호수공원.
 불어오는 바람과 물 냄새. 들이닥치는 새. 산책하는 사람들의 발걸음 소리.

 개는 거울을 봐도 저 자신을 못 알아본다고 하지. 그리고 그것이 개에게 자아가 없다는 증거라고 하지. 하지만 개의 이고는 자아가 아니라 타아로만 존재하는 것 아닐까. 주인을 자꾸 돌아보는 개를 보며 그런 생각이 자꾸 들었다. 오로지 타아로만 존재하는 세상. 내가 아니라 네가 있기에 가능한 영혼. 전적인 신뢰와, 유대로만 가능한 어떤 의식에 대해.

 그러나 컹.
 개는 짖고, 달리고, 나아갈 뿐이다.

생각의 장막은 찢어진다.

2.

하지만 사랑은 때로 옳기 때문에 한다.

네가 나를 모르기에, 내가 너를 모르기에 가능한 영역이나 상태도 있다. 매일 스치며 서로에 대해 짐작만 하는 출근길의 사람들처럼.

지하철은 덜컹거린다.

서로에게 굳이 접근하거나, 다가가지 않아서 완성되는 어떤 공동이 있다. 세상엔 애매와 모호만으로, 모르는 일과, 알려고 들지 않는 일로 설명할 수 있는 순간이 있다. 그런데 그런 걸 설명이라 부를 수 있을까.

내가 이렇게 주저할 때 등장하는 한강의 철교.
또다시 주저하기에 벌어지는 틈새. 두 개의 철교가 위아래로 병행해서 놓여 있고, 철교와 철교 사이엔 아주

가는 틈새가 있다. 바람과 빛, 어둠과 소리, 물결과 영혼이 드나드는.

그러니까 아주 작은 틈새.
그 안에 누가 깃들어 살고 있는가.

시는 그런 궁금 속에 살고 있다는 생각이 들지만.

3.

글쓰기란 무엇이냐고…… 삶 속에서 이루지 못한 소망이, 결코 구현되지 않는 무엇이 존재하기 때문에…… 씁니다. 이는 예술지상주의도 탐미주의도 아닙니다. ……삶에의 연민입니다.*

---

* 박경리

4.

시엔 특별한 힘이 없다.

시에 특별한 힘이 있다 맹신하는 것보다 시에 특별한 힘이 없단 걸 인정하는 게 더욱 어려운 일이다.

그리고 그렇게 인정할 때에나, 시엔 비로소 무언가 힘이 깃든다.

발문

만들어지는 미래

송현지(문학평론가)

 윤제 씨, 처음 인사드려요. 보통 발문은 시인과 개인적 친분이 있는 이가 시인에 대한 이야기를 풀어놓음으로써 시집의 외연을 넓혀 독자들이 가벼운 걸음으로 시집에 들어서게 하는 경우가 많지요. 그래서 윤제 씨의 두 번째 시집 『반국가세력』의 발문을 청 받았을 때 어떠한 이야기를 할 수 있을지 오랫동안 고민했어요. 윤제 씨와의 친분이라고는 첫 시집 『저는 내년에도 사랑스러울 예정입니다』(문학동네, 2023)를 읽으며 혼자 쌓아두었던 내적 친밀감밖에 없었으니깐요. 그러다 시란 시인의 가장 깊숙한 내면이 담긴 장소라는 오랜 정의가 생각났어요. 어쩌면 독자로서 시를 읽었던 일이 윤제 씨에게 가장 깊이 닿을 수 있었던 경로가 아닐까 생각하며 용기를 내었습니다. 그러므로 저의 발문은 윤제 씨의 첫 번째 시집을 만났던 날로부터 시작해봅니다.

첫 시집의 제목에 윤제 씨는 "내년에도 사랑스러울 예정"이라고 썼지요. 미래에 대한 확신을 드러내는 한편, '도'라는 조사가 가리키듯 사실상 현재에 대한 규정도 포함하고 있는 제목을 처음 접하고는 무척이나 의아했다는 점을 먼저 고백하고 싶어요. 자신의 현재와 미래에 대해 이처럼 긍정적으로 단언할 수 있는 이가 있다니, 의아함은 곧바로 부러움으로 바뀌어 밀려왔습니다. 같은 세계에 살고 있음에도 왜 윤제 씨가 볼 때는 이곳에 (슈뢰딩거의) 고양이가 있고 제가 볼 때에는 없는지, 이런 차이가 온전히 저의 문제로 여겨져 괴로웠어요. 우리가 이처럼 다른 결론에 도달하는 이유에 대해 알고 싶은 마음과 윤제 씨의 긍정적 확언이 어떻게 가능한지를 확인하기 위해 저는 윤제 씨의 오랜 사유가 담긴 그 시집을 거듭 읽을 수밖에 없었습니다. 말하자면 저는 저 제목에 윤제 씨의 과거와 현재와 미래가 모두 담겨 있다고 생각했어요.

물론 저 문장이 확신이 아니라 어떤 믿음, 아니 믿음을 향한 노력에 가깝다는 사실을 알아내는 데 그리 오랜 시간이 걸리지는 않았습니다. 예컨대 「아웃 복서―알파카 양의 답장」에서 윤제 씨는 안전도, 리얼도, 사랑도, "고양이가 있었단 증거"조차도 없는 세계를 보여주고 있죠. 세계에 확실한 것이라곤 하나도 없고 모든 것이 허상임을 알고 있는 이가 어떻게 미래에 대해 확신할 수 있겠어요. 생각이 여기까지 닿자 저는 윤제 씨가 갑자기 친근하게 여겨졌어요. 깊은 절망과 지나친 긍정은 사실상 동전의 양면과 같으니깐요. 다시 말해 윤제 씨는 저러한 확언을 통해 낙관적인 생각을 이어나가려고 부단히 노력하고 있다는 생각이 들었어요.

그런데 이러한 노력만으로는 이제 조금 어려워진 것일까요. 이번 시집에서 윤제 씨는 절망스런 현재를 바꾸려는 방법을 조금 더 고민하고, 그에 대한 의지를 더욱 강하게 다지고 있는 듯 보입니다. 지난 시집에 수록된 마지막 작품 「가만히 있을 수 없는 가만히 동호회」에서 '가만히'라는 말의 폭력성을 지적하며 우리가 더 이상 "가만히 있을 수가 없는 가만히 동호회"가 되었음을 짚었다면, 이제 윤제 씨는 그에 더해 행동의 가능성에 대해 보다 적극적으로 말을 건네고 있다는 생각이 듭니다. 이런 변화에는 우리가 함께 겪었던 12.3 내란 사태(「(반)국가세력」)와 서울혁신파크 재개발(「요크셔테리어의 불안과 미래」), 저출산 현상(「늙은 유물론자와 병원의 오이 한 그루」), 점차 심화되는 생태계 문제(「아끼는, 섬」, 「사랑의 실 타래」), 부당 해고나 사기 취업(「사악한 간장의 시」) 등 쉽게 해결되지 않는 일들이 있었던 것이겠죠. 이와 같은 문제들을 지적함으로써 보다 사회적 맥락이 강화된 이번 시집에서 윤제 씨는 문제를 나열하는 것을 넘어 절망을 끝내 낙관으로 옮겨가려는 의지를 보입니다.

그래서일까요. 이번 시집을 읽으며 저는 자주 김수영 시인이 떠올랐어요. 「늙은 유물론자와 병원의 오이 한 그루」에서 윤제 씨가 수영의 문장을 언급하기도 했지만, 저는 무엇보다 수영의 시 「눈」이 생각났어요(사실 이 작품 말고도 저는 종종 윤제 씨의 시를 수영의 시와 나란히 놓고 보곤 했어요. 가령, 우리를 자주 멍하게 하는 "무서운 땡볕"을 이야기하는 「요크셔테리어의 불안과 미래」를, "더운 날/ 적이란 해면(海綿) 같다"라고 말하던 수영의 「적」(『신사조』, 1962.7)과 같이 읽는 식으로요. 풍자와 저항을 한몸으로 삼는다는 점에서 서로가 닮았기 때문일까요). 이미 알고 있겠지만 수영은 세 편의 「눈」을 썼지요. 여기서 제가 이야기하려는 「눈」(『한국문학』, 1966년 여름)은 그중 수영이 가장 마지막에 쓴 작품입니다.

눈이 온 뒤에도 또 내린다

생각하고 난 뒤에도 또 내린다

응아 하고 운 뒤에도 또 내릴까

한꺼번에 생각하고 또 내린다

한 줄 건너 두 줄 건너 또 내릴까

폐허에 폐허에 눈이 내릴까

시의 초반부에서 수영은 눈이 온 뒤에도 눈이 또 내리는 장면을 봅니다. 그리고 지금 내리는 눈이 앞으로도 계속 내릴 것인가를 의심해봅니다. 그래서 물어보지요. 눈은 "응아 하고 운 뒤에도 또 내릴까"라고요. 의심을 동반한 이 질문을 스스로에게 던진 후 얼마간의 시간이 지난 듯, 연을 바꿔 그는 눈이 내린다는 사실을 확인하고 "한꺼번에 생각하고 또 내린다"라고 이어 씁니다. 그러나 한 번 이를 확인했다고 이후의 일까지 단정하지는 않죠. 그는 결국 "폐허에 폐허에 눈이 내릴까"라는 의문문으로 시를 마무리 짓습니다. 두 연에 걸친 사실 확인

(1, 2연)과 한 번의 의심(3연), 또다시 한 번의 사실 확인(4연)과 두 행의 의심(5, 6연)으로 이루어진 시의 구조는 점차 수영에게 의구심이 드리우고 있는 것처럼 읽히기도 하지만, 의심 끝에 결국 사실 확인이 이루어지는 시의 패턴을 염두에 둔다면 이 시는 '폐허에도 눈이 내린다'라는 사실을 확인하는 순간을 남겨두기 위해 의도적으로 시를 완결 짓지 않았다는 생각이 듭니다. 독자가 그 장면을 목격하기를 기다리는 것이기도, 시인 스스로가 그러한 일이 일어나는지 신중하게 바라보고 있다고도 말할 수 있겠지요. 「눈」이 눈이 내리는 장면과 시를 쓰는 행위가 겹쳐 제시되는 작품이라는 점에서 저는 조금 과장하여, 수영이 '폐허에도 눈이 온다'라는 확언으로 향해가기 위해 시를 썼던 시인이라고도 말해봅니다.

수영의 저 여정을 저는 『반국가세력』에 빗대어 보려 해요. 그것은 이 시집이 첫 시집에서 윤제 씨가 보여주었던 희망에 가까운 믿음을 이어나가기 위한 과정처럼 여겨졌기 때문입니다. 미래를 긍정적으로 보려는 노력을 계속해서 무산시키는 지금-이곳에서 윤제 씨는 새로운 방법을 제시합니다. 이를 이야기하기 위해서는 불가피하게 '양자역학'이란 어려운 학문으로부터 시작해야 합니다. 「예쁘게 말 안 해도 돼」를 비롯해 「다시 만난 세계」, 「5월」 등 윤제 씨는 지난 시집에 이어 이번 시집에서도 세계를 중첩된 상태로 보는 양자역학의 관점을 보여주고 있지요. 흥미로운 것은 윤제 씨가 이를 위해 먼저 세계를 극단적으로 이분하여 제시한다는 점입니다. 「다시 만난 세계」라는 한 편의 시에서만 해도 세계란 "희비극이 맞닿은" 것임을 드러내기 위해 "태어나는 자의 울음과 죽어가는 자의 안도", "독재자로 등극하는" 이와 "해방의 깃발을 들어 보이는" 이, "아름다운 일"과 "슬픈 일", "날아가고./ 날아들고" 하는 새의 움직임, "산 사람의 일"과 "죽은 자의 일", "악"과 "선" 등 대비되는 것들에 대한 서술을 선행하지요. 이를 통해 저는 "아니와 맞다의 끊임없는 앙상블"(「확신의 유령」)인 세계를 비판적으로 바라보게 되어요.

또 하나 특기할 점은 이러한 세계를 살고 있는 주체의 행위가 강조된다는 점입니다. 지난 시집 역시 "누군가 들여다보는 순간" "하나의 상태로 고정되어 버"(「양자역학적인, 인어」)리는 양자역학 내 관찰자로서의 '나'의 역할을 강조하기는 하지만(물론 「양자역학적인, 인어」는 대상을 쳐다볼 시간조차 노동자에게 허락하지 않는 노동의 구조가 새로운 존재의 가능성을 망쳐버린다는 비판이 주를 이루긴 합니다) 이번 시집은 그때보다 더욱 '나'의 '행위성'에 주목하고 있는 것으로 보입니다. "보는 것과 바라보는 것은 무엇이 다른가"(「오늘의 불가사의」)라는 질문을 던지며 "대상의 운동과 위치에 영향을 미"*치는 '나'의 역할을 시종 강조하면서요.

닐스 보어의 양자역학을 바탕으로 카렌 바라드가 관계적 존재론을 주장한 것처럼 '나'라는 존재의 관계적 성격을 이번 시들이 집중적으로 보여주고 있다는 점 역시 짚어두고 싶습니다. '대상'의 불확정성에 대해 집중했던 지난 시집과 달리, 이번 시집은 대상을 바라보는 '나' 역시 고정된 하나의 실체가 아닌 현상이며 언제든지 변할 수 있는 관계적 존재로 다뤄집니다. "5월을 바라보기 위해선 5월의 일부가 되어야"(「5월」) 한다거나 "세상 모든 걸 눈에 담기 위해선 나 자신에 하염없이 몰입해야 한다"(「다시 만난 세계」)는 구절은 '나'를 "구성"된 존재이자, "일종의 물질적 배치, 또는 그 배치의 일부"*

---

* 관찰자의 관찰 행위 및 카렌 바라드의 이론에 대해서는 박준영, 「신유물론, 물질의 존재론과 정치학」, 그린비, 2023 참조.

로 윤제 씨가 바라보고 있음을 확인하게 합니다. 역동적으로 (재)형성되는 세계에서 우리가 그것의 일부로서 세계의 생성에 참여한다는 점에서 우리는 (설사 혼자 있더라도) "더불어 혼자"(「에어비앤비」)라고 말할 수 있겠지요. 이런 맥락에서 「다시 만난 세계」의 마지막 연, "두 눈을 감으면 그 안엔 아무것도 없어. [⋯⋯] 눈을 떠야 시작되는 세상"이라는 구절 역시 새롭게 읽힙니다. 언뜻 이 문장은 눈을 뜨고 현실을 똑바로 바라보는 일의 중요성을 강조하는 것으로 읽히기도 하지만, ('나'가 세계와 관계되는 존재인 이상) 세계란 '나'와의 관계를 떠나 이야기할 수 없다는 사실을 드러내는 구절이라고도 할 수 있겠네요.

정리해보자면, 이번 시집에서 윤제 씨는 세계를 미결정적인 것으로 바라보는 가운데, 세계가 좋은 방향으로 나아가길 바라며 행하는 우리의 '행동'이 가져올 가능성을 강조하고, 그 가능성을 또다시 믿어보려는 것으로 보입니다. "알파카의 몸부림과 박동을 아득히 벗어나버린 곳"(「알파카의 태평성대」)을 부정하고, 가만히 있지

---

* 박준영, 같은 책, 404쪽.

않는 행위가 세계를 바꿀 수 있음을 다시 한번 강조하는 이 시집은 윤제 씨가 "희망으로 절망의 손을 섣불리 들어주"(「Trick or Treat」)거나 아름다운 세계를 막연히 낙관하는 시인이 아님을, 오히려 매일을 새롭게 수행하는 방식으로 미래를 꿈꾸는 자임을 확신하게 합니다. 이번 시집에 빼곡히 적힌 수많은 미래형 문장들은 이미 있는 미래가 아니라 "이루어질 것들의 총계"이자 "사실이 되어야 할 것"(「이제 막 태어나는 악마에게」)으로서의 미래라는 점은 종말을 예감하는 시들이 쏟아지는 지금, 기어이 '종말의 미래'를 꿈꾸게 해요. 윤제 씨의 시를 읽으며 갖게 된 이 꿈은 세계를 물리칠 만큼 크고 단단한 돌이 될 수 있을까요. 지금으로선 알 수 없지만 저는 그런 미래를 믿어보게 되었어요. 윤제 씨와 함께 미래를 만들어가고 싶어져요.

앞서 저는 수영의 「눈」을 읽으며 폐허에도 눈이 내릴 것인가를 의심하던 수영이 시쓰기를 통해 이를 가능하게 하기 위해 전 생애에 걸쳐 노력했던 것은 아닌지 추정한 바 있지요. 좋은 시는 연결되어 있는 것일까요. 저는 윤제 씨의 시를 통해 수영을 이해하고, 수영의 시를 통해 윤제 씨의 시를 읽어봅니다. 윤제 씨의 시 역시

"흰 이불을", "백지"를, "눈보라"를 털어 "폭설"을 만들고 있다는 점을 떠올리면서요. 윤제 씨가 만드는 "거대하고, 미세하고 동시에 어마어마한 흰 입자"(「(반)국가세력」)가 죽이는 것은 비단 '국가 세력'만은 아닐 것입니다. 그 눈을 맞아 세계의 모든 이들이 깨어나 자신과 연결되어 있는 세상을 냉철하게 바라볼 수 있도록, "불빛이 되어" 세계를 환하게 밝히는 일을 윤제 씨는 시를 통해 하고 있다는 생각이 들어요. 폐허에조차 닿지 않는 빛이 없도록, 윤제 씨는 눈의 시를 씀으로써 지금 미래를 만들고 있네요. 우리가 만날 새로운 세계가 이런 것이라면, 저도 이제 윤제 씨를 부러워만 하지 않고 말해 볼 수 있겠습니다. 저도 내년에는 사랑스러울 예정입니다.

변윤제에 대하여

변윤제의 첫 시집 『저는 내년에도 사랑스러울 예정입니다』(문학동네, 2023)는 단일한 맥락에 예속된 말과 이미지가 풀려나는 과정에 주목한다. 특히 「가만히 있을 수 없는 가만히 동호회」라는 시는 진정한 다시 쓰기의 구체적 방법을 제시한다. 그 방법이 언어를 권력에 저항하는 수단으로 치환하는 것이라는 점에서 세월호참사와 연결된 최근의 시적 발화 중에서 유독 눈에 띈다. 변윤제는 권력에 균열을 내는 방법으로 '말'을 선택한다. 권력에 대한 저항을 선언적으로 표출하지 않고 '가만히'라는 단어가 예속된 상태에서 탈출하는 과정을 형상화함으로써 새로운 시적 말하기의 한가지 사례를 제시한다.

최선교, 「갱신하는 말, 다시 쓰는 미래」, 『창작과비평』(2024년 봄호)

변윤제는 시집 『저는 내년에도 사랑스러울 예정입니다』(문학동네, 2023)에서 '평범한 일' 연작을 통해 화자가 경험한 어떤 일들을 그저 평범한 일이라 자위하며 가볍게 여기려는 태도의 양상을 재현한다. 이는 '알파카'를 통해 그 '공동체'를 상상하며 강제된 단일한 정체성으로부터 다양성에 기초한 존재의 연대를 소망하는 것(「알파카 공동체」)처럼 평범함에 내재된 균열의 양상을 통해 이전과는 다른 삶의 양태를 사유할 계기를 마련한다.

이병국, 「비인간 동물을 전유한 시계(視界)의 확장」, 『푸른사상』(2024년 봄호)

바이링궐 에디션 한국 대표 소설 목록

001 병신과 머저리 이청준 / 제니퍼 리	028 분지 남정현 / 전승희
002 어둠의 혼 김원일 / 손석주, 캐서린 로즈 토레스	029 봄 실상사 정도상 / 전승희
003 순이삼촌 현기영 / 이정희	030 은행나무 사랑 김하기 / 손석주, 캐서린 로즈 토레스
004 엄마의 말뚝 1 박완서 / 유영난	031 눈사람 속의 검은 항아리 김소진 / 크리스 최
005 유형의 땅 조정래 / 전경자	032 오후, 가로지르다 하성란 / 전승희
006 무진기행 김승옥 / 케빈 오록	033 나는 봉천동에 산다 조경란 / 쉡크 카리
007 삼포 가는 길 황석영 / 김우창	034 그렇습니까? 기린입니다 박민규 / 김소라
008 아홉 켤레의 구두로 남은 사내 윤흥길 / 브루스 풀턴, 주찬 풀턴	035 성탄특선 김애란 / 제이미 챙
009 돌아온 우리의 친구 신상웅 / 손석주, 캐서린 로즈 토레스	036 무자년의 가을 사흘 서정인 / 제이미 챙
010 원미동 시인 양귀자 / 전미세리	037 유자소전 이문구 / 제이미 챙
011 중국인 거리 오정희 / 주찬 풀턴, 브루스 풀턴	038 향기로운 우물 이야기 박범신 / 마야 웨스트
012 풍금이 있던 자리 신경숙 / 아그니타 테넌트	039 월행 송기원 / 제인 리
013 하나코는 없다 최윤 / 주찬 풀턴, 브루스 풀턴	040 협죽도 그늘 아래 성석제 / 전승희
014 인간에 대한 예의 공지영 / 주찬 풀턴, 브루스 풀턴	041 아겔다마 박상륭 / 전승희
015 빈처 은희경 / 전승희	042 내 영혼의 우물 최인석 / 전승희
016 필론의 돼지 이문열 / 제이미 챙	043 당신에 대해서 이인성 / 마야 웨스트
017 슬로우 불릿 이대환 / 전승희	044 회색 시 배수아 / 장정화, 앤드류 제임스 키스트
018 직선과 독가스 임철우 / 크리스 최	045 브라운 부인 정영문 / 정영문
019 깃발 홍희담 / 전승희	046 속옷 김남일 / 전승희
020 새벽 출정 방현석 / 주다희, 안선재	047 상하이에 두고 온 사람들 공선옥 / 전승희
021 별을 사랑하는 마음으로 윤후명 / 전미세리	048 모두에게 복된 새해 김연수 / 마야 웨스트
022 목련공원 이승우 / 유진 라르센-할록	049 코끼리 김재영 / 미셸 주은 김
023 칼에 찔린 자국 김인숙 / 손석주, 캐서린 로즈 토레스	050 먼지별 이경 / 전미세리
024 회복하는 인간 한강 / 전승희	051 혜자의 눈꽃 천승세 / 전승희
025 트렁크 정이현 / 브루스 풀턴, 주찬 풀턴	052 아베의 가족 전상국 / 손석주
026 판문점 이호철 / 테오도르 휴즈	053 문 앞에서 이동하 / 전미세리
027 수난 이대 하근찬 / 케빈 오록	054 그리고, 축제 이혜경 / 브루스 풀턴, 주찬 풀턴
055 봄밤 권여선 / 전승희	083 상춘곡 윤대녕 / 테레사 김

056 오늘의 운세 한창훈 / 케롱 린

057 새 전성태 / 전승희

058 밀수록 다시 가까워지는 이기호 / 테레사 김

059 유리방패 김중혁 / 케빈 오록

060 전당포를 찾아서 김종광 / 손석주

061 도둑견습 김주영 / 손석주

062 사랑하라, 희망 없이 윤영수 / 전승희

063 봄날 오후, 과부 셋 정지아 / 브랜든 맥케일, 김윤경

064 유턴 지점에 보물지도를 묻다 윤성희 / 이지은

065 쁘이거나 쯔이거나 백가흠 / 장정화, 앤드류 제임스 키스트

066 나는 음식이다 오수연 / 크리스 최

067 트럭 강영숙 / 전승희

068 통조림 공장 편혜영 / 미셀 주은 김

069 꽃 부희령 / 리처드 해리스, 김현경

070 피의일요일 윤이형 / 전승희

071 북소리 송영 / 손석주

072 발칸의 장미를 내게 주었네 정미경 / 스텔라 김

073 아무도 돌아오지 않는 밤 김숨 / 전미세리

074 젓가락여자 천운영 / 전미세리

075 아직 일어나지 않은 일 김미월 / 전미세리

076 언니를 놓치다 이경자 / 장정화, 앤드류 키스트

077 아들 윤정모 / 쉥크 카리

078 명두 구효서 / 미셀 주은 김

079 모독 조세희 / 손석주

080 화요일의 강 손홍규 / 제이미 챙

081 고수 이외수 / 손석주

082 말을 찾아서 이순원 / 미셀 주은 김

084 삭매와 자미 김별아 / 전미세리

085 저만치 혼자서 김훈 / 크리스 최

086 감자 김동인 / 케빈 오록

087 운수 좋은 날 현진건 / 케빈 오록

088 탈출기 최서해 / 박선영

089 과도기 한설야 / 전승희

090 지하촌 강경애 / 서지문

091 날개 이상 / 케빈 오록

092 김 강사와 T 교수 유진오 / 손석주

093 소설가 구보씨의 일일 박태원 / 박선영

094 비 오는 길 최명익 / 자넷 풀

095 빛 속에 김사량 / 크리스토퍼 스캇

096 봄·봄 김유정 / 전승희

097 벙어리 삼룡이 나도향 / 박선영

098 달밤 이태준 / 김종운, 브루스 풀턴

099 사랑손님과 어머니 주요섭 / 김종운, 브루스 풀턴

100 갯마을 오영수 / 마샬 필

101 소망 채만식 / 브루스 풀턴, 주찬 풀턴

102 두 파산 염상섭 / 손석주

103 풀잎 이효석 / 브루스 풀턴, 주찬 풀턴

104 맥 김남천 / 박선영

105 꺼삐딴 리 전광용 / 마샬 필

106 소나기 황순원 / 에드워드 포이트라스

107 등신불 김동리 / 설순봉

108 요한 시집 장용학 / 케빈 오록

109 비 오는 날 손창섭 / 전승희

110 오발탄 이범선 / 마샬 필

K-포엣
반국가세력

2025년 5월 30일 초판 1쇄 발행

지은이 변윤제
펴낸이 김재범
펴낸곳 (주)아시아
출판등록 2006년 1월 27일 제406-2006-000004호
전자우편 bookasia@hanmail.net

ISBN 979-11-5662-317-5 (set) | 979-11-5662-793-7 (04810)

*이 책 내용의 전부 또는 일부를 재사용하려면 반드시 저작권자와 아시아 양측의 동의를 받아야 합니다.
*제작·인쇄 및 유통상의 파본 도서는 구입하신 서점에서 바꿔드립니다.
*값은 뒤표지에 있습니다.